AF595306

MÉMOIRE

pour prouver que la Famille de WALDNER *a droit de prendre le Titre de* BARON.

L'ORIGINE des Titres & Dignités n'eſt pas facile à indiquer ; les Hiſtoriens Romains ne nous donnent aucune idée de titre ni dignité pareils à ceux de nos tems, qui fuſſent en uſage chez les Germains, les Sueves & les Saxons ; on ne les connoiſſoit pas juſqu'aux tems de *Charlemagne*.

Ce Prince poſſeſſeur ſouverain & conquérant de tout l'Empire d'Allemagne, changea totalement les mœurs, les uſages, la religion & le ſiſtême politique & civil des peuples qu'il avoit ſubjugués : il établit des puiſſances eccléſiaſtiques & ſéculieres pour maintenir ſon autorité & régir en ſon nom : les Ecclésiaſtiques pour prêcher l'Évangile : les Sécul̈ieres pour commander les armées & gouverner les provinces & les peuples.

L'hiſtoire nous apprend qu'il y avoit pour-lors des Ducs, des Margraves, Landgraves, Burgraves, des Pfaltzgraves, des Comtes & des Barons. Tous étoient amovibles à volonté, c'étoit des offices qui leur étoient confiés qui n'étoient point héréditaires : les Barons dès le cinquieme & ſixieme ſiecle compoſoient avec les Nobles les armées, ſurtout la cavalerie.

Les Empereurs deſcendans de *Charlemagne* ne conſerverent pas longtems cette grande autorité que cet Empereur s'étoit acquiſe par ſes victoires : les diſſenſions qui s'éleverent entre eux, & les guerres qu'ils ſe faiſoient en diminuant leurs forces, augmentérent l'autorité des Ducs, Margraves, Comtes, &c. qui ſe rendant néceſſaires à ces Princes parvinrent à faire paſſer leurs charges à leurs enfans.

L'extinction de la race *Carlovingienne* rendit les Ducs, les Margraves, les Comtes, &c. maîtres abſolus & en titre d'hérédité des diſtricts qu'ils gouvernoient. Les Barons & les Nobles profitérent des mêmes circonſtances pour augmenter leur autorité.

On appelloit en Allemagne *Barons*, **Herren**, les Seigneurs poſſeſſeurs de terres qui ne relevoient ni de l'Empereur ni d'aucun Prince : la plûpart ont offert du depuis en fiefs oblats leurs terres à l'Empereur ou à d'autres Princes, mais ſans ceſſer pour cela d'être Barons. En France & en Angleterre, les Barons étoient les Seigneurs qui relevoient leurs terres du Roi : ils étoient les Vaſſaux de la Couronne.

Les premiers Empereurs allemands étoient *Conrad*, qui étoit un Seigneur de Franconie, **Herr in Franken**, *Henry* & *Othon* Ducs de Saxe. Ils n'avoient pas la puiſſance ni les moyens de diſputer les droits à des Seigneurs qui leur avoient mis la Couronne ſur la tête.

Othon premier, ſurnommé *le Grand*, augmenta la puiſſance des Seigneurs : éloignés des Provinces de Franconie & de Suabe, qui avoient des Ducs puiſſants, il ne règnoit pas ſur elles avec autant d'autorité que ſur ſes États héréditaires.

Delà eſt dérivé cette puiſſance des Comtes, des Barons & de la Nobleſſe de Franconie, de Suabe & des pays adjacens, les Ducs même les ménageoient pour les engager à les ſoutenir contre les Princes Saxons.

A l'extinction de ces deux illuſtres Maiſons, les Margraves, les Comtes, les Barons & les Gentilshommes augmentérent leurs prérogatives & devinrent entierement indépendants pour ne relever que de l'Empereur & de l'Empire immédiatement, ce qui s'eſt perpétué juſqu'à nos jours.

Vers le même tems *Hugues Capet*, Roi de France donna les grands & les petits fiefs aux Barons du Royaume, & leur permit d'en jouir héréditairement, ſauf les foi & hommages, & l'obligation de le ſuivre à la guerre.

Les uſages & les variations ont donc preſque toujours été les même en Europe.

Dans tous les tems les Nobles ont été diſtingués du commun du peuple, & depuis longtems la Nobleſſe a été partagée en différentes claſſes.

Dans la premiere on place celle dont l'origine eſt la plus diſtinguée, & qu'on nomme en France la Haute-Nobleſſe. En Allemagne on range dans cette claſſe les Ducs, les Princes, les Margraves, les Landgraves, les Comtes & les Hauts-Barons qui ne relevoient ni de l'Empereur, ni d'aucun Prince. C'étoit de ces Barons qu'on tiroit les premiers. Les Empereurs de la Maiſon de Franconie ſont ſortis de famille qui originairement étoient des Dynaſtes, **Herren in Franken.**

Dans la ſeconde claſſe on range la très-ancienne Nobleſſe, c'eſt-à-dire, celle dont l'origine ſe perd dans l'obſcurité des tems,

& qui remonte jusqu'au douzieme & treizieme siecle, tems où les noms des familles & les armoiries ont commencés à devenir propres & héréditaires, & ont passés du pere au fils, au petit-fils, & dont la filiation est prouvée de génération en génération jusqu'à nous. (*)

Pour tenir rang dans la très-ancienne Noblesse, il faut que la plûpart d'une famille ayent obtenu la dignité de Chevalier: & ceux de cette classe étoient appellés dans ces siécles Seigneurs-Bannerets, Gentilshommes, Hommes nobles, Barons, Messires; Banner-Herren, Freye, Frey-Herren, Semper-Frey, Herren, Edle-Herren, Edle: surtout si à l'antiquité de leur Noblesse, ils ajoutoient la preuve de la possession de villes ou châteaux forts, d'avoir eu des Vassaux, & d'autres faits qui prouvent l'immédiateté.

Dans la troisieme classe on range la Noblesse qui s'acqueroit par la vertu & par le mérite de celui qui l'obtenoit à titre de concession du Souverain.

Dans la quatrieme on comprend les nouveaux Annoblis par les Diplômes & lettres des Princes, connus en allémand sous le nom d'Edlen Knecht, en France Écuyers. On n'a jamais révoqué en doute que les Empereurs & les Rois pussent faire des Nobles, des Barons, des Comtes, &c. mais ils ne peuvent pas faire des Gentilshommes d'extraction; les Diplômes ne peuvent pas donner l'ancienneté & l'illustration de la naissance: qu'on consulte la taxe de la Chancellerie de l'Empire, l'on trouvera ce qu'il en coute pour étre fait Baron, Chevalier ou Noble. La très-ancienne Noblesse n'a jamais été dans le cas de recourir à ces Diplômes qui sont aussi fréquents de nos jours qu'ils étoient rares autrefois.

(*) *La Rocque* dans son traité de la Noblesse in IV. p. 24. dit, " il faut avouer que cette ,, Noblesse de nom & d'armes est le comble de la grandeur humaine, & la premiere ,, Hierarchie de ceux qui vivent ici-bas sur terre. Plus elle est ancienne plus elle ,, est excellente; plus elle vieillit plus elle augmente sa force & sa vigueur. Ce ,, qui apporte de la diminution & de l'affoiblissement aux autres choses, produit de ,, jour en jour, d'année en année, & de siecle en siecle, un nouveau sujet d'hon- ,, neur & d'estime à la Noblesse: & si son commencément est connu, sa gloire di- ,, minue, parce que sa perfection consiste dans l'oubli de la naissance.

Il ne s'agit dans le préſent Mémoire, que de la ſeconde claſſe, c'eſt-à-dire, de la très-ancienne Nobleſſe, & d'examiner la qualité & les titres qui ont été donnés aux Nobles d'ancienne extraction, & d'apprécier la valeur de ces titres dans les principes d'Allemagne, dont l'Alſace faiſoit ci-devant partie, & même dans ceux de France.

Avant tout il faut concevoir la qualité de Baron, ou ce qui revient au même celle de Dynaſte, pour enſuite ſavoir à qui des Nobles d'ancienne extraction cette qualité peut compéter; abſtraction de tous Diplômes, qui comme on l'a obſervé, ne ſont devenus fréquents que dans les tems modernes. L'on ne connoiſſoit pas dans les anciens tems cette création des Barons; pour pouvoir être qualifié de tel, un Diplôme auroit été inſuffiſant, il falloit être dans le cas de pouvoir prendre ce titre, ce qui dépendoit de bien des circonſtances.

Sans s'attacher à l'étimologie du mot de Baron, qui a beaucoup occupé les écrivains, il eſt plus eſſentiel de s'attacher à ſa ſignification, & faire connoître que ſans Diplôme la qualité de Baron peut compéter à un Noble.

Les Auteurs les plus accrédités qui ont traité des dignités, titres & qualités de la Nobleſſe, nous enſeignent que les mots *Baro* en latin, Baron en françois, & Freyherr, Frey & Semper-Frey ſont ſinonimes. *Le mot de Baron eſt étranger à la langue allemande ancienne.*

L'on appelloit anciennement Freyherr, ces hommes libres dont les Ancêtres n'avoient connu aucune ſervitude, aucun aſſujettiſſement: car ceux qui, après avoir été affranchis, obtenoient la liberté, étoient appellés par les Allemands Semper-Frey: cette qualification a été du depuis adoptée aux Barons, *Vebner*, *Goldaſt*.

Suivant RUDINGER dans ſes obſervations, un Baron eſt un Banner-Herr und Land-Herr, *Dominus territorii.*

PFEFFINGER ſur *VITRIARIUS* au titre des Comtes & Barons, dit, que le mot Baron ſignifie en allemand autant que libre, & qu'on appelloit Barons ou Nobles ceux qui avoient obtenu l'exemption des charges perſonnelles & patrimoniales.

Suivant le même Auteur l'on diſtingue différens genres de Barons : les uns ſont connus ſous le nom de **Freyherren**, les autres ſous celui de *ſemper*-**frey**, & les troiſiemes ſous le nom de **Herren** ſimplement. L'Auteur cité ajoute qu'il y a des Auteurs qui n'admettent aucune différence dans la claſſe des Barons, & qu'ainſi, ſoit qu'on les qualifie de *Semper*-**freyen**, **Freyherren**, **Freyen**, **Edle Herren**, **Herren**, **Edle**, ils ſont égaux en nobleſſe & dignités, parce que les Barons ſont tous compris ſous la dénomination de **Herren**, titre qui ne ſe donne qu'aux Barons, & par conſéquent tel noble d'ancienne extraction qui démontre que ſes Ancêtres ont été qualifiés dans les anciens titres de **Herren**, peut ſe dire Baron.

PFEFFINGER cite même des exemples pour faire connoître que le mot **Herr**, ſignifie un Baron, 1.° relativement aux Archiducs d'Autriche, Barons de Frieſland, **Herren zu Friesland**.

2.° Aux Ducs de Juliers, Barons de Ravenſtein, **Herren zu Ravenſtein** : aux Marggraves de Baade, Barons de Röteln & Badenweiler, **Herren zu Röteln und Badenweiler** : aux Comtes de Linange, Barons de Weſterbourg & Schauenbourg, **Herren zu Weſterburg und Schauenburg** : aux Comtes de Hanau, Barons de Müntzenberg, **Herren zu Münzenberg**, &c.

L'on ajoutera encore un exemple plus frappant pour l'Alſace relativement aux Nobles de Fleckenſtein, qui étoient inconteſtablement des Barons, la plupart des titres qui ſe rapportent à cette famille, les qualifient de **Herren**, pour dénoter leur qualité, on en rapportera la preuve s'il en eſt néceſſaire ; les archives des Nobles de Landſperg les renferment.

Enfin l'Auteur cité fait connoître par les preuves les plus authentiques, que les mots de **Freyen** ou de **Freyherren** ne différent en rien pour défigner un Baron, mais que les mots Herren, *Domini*, ont une fignification plus étendue: qu'ils s'appliquent à des Nobles fupérieurs aux Barons, mais jamais à ceux qui ne font pas Barons.

Il n'eft donc pas poffible de douter, à moins de méconnoître le ftile diplomatique, que les mots Freyen, Freyherren, Herren, Edle, Edle Herren, défignent un Baron. En tout cas qu'on confulte la Bulle d'or & les différens Recès de l'Empire, pour fe convaincre de la vraie fignification de ces mots. Refte à examiner quelle eft la Nobleffe à laquelle ces titres, défignans un Baron, étoient donnés, & comment elle y pouvoit parvenir.

Les Auteurs allemands qui ont traité de la matiere, fe réuniffent à dire, que le titre de Baron ne peut compéter qu'à la très-ancienne Nobleffe qui a compté dans le nombre de fes Ancêtres des Chevaliers, qui ont exercé aux Tournois. Il eft à obferver que, pour être reçu Chevalier, ou pour être admis aux Tournois, il falloit faire preuve de quatre quartiers de Nobleffe.

Outre l'avantage de l'antiquité de la Nobleffe, il falloit être poffeffeur de ville clofe ou châteaux forts.

Avoir eu des dignités & offices près les Empereurs: ou avoir fait la guerre & des traités de paix.

Avoir contracté de grandes alliances, avoir eu des vaffaux.

C'eft à ceux de cette Nobleffe auxquels compétoient le titre de Freyherr, Herr, &c. & c'eft à ceux-là feuls qu'il étoit donné.

Il y a des Auteurs qui difent que le Chevalier noble de quatre lignées, qui a acquis affez de patrimoine pour aller accompagné de quatre ou cinq nobles Hommes, avec douze ou feize chevaux, peut licitement demander à fon Roi ou Prince à la premiere bataille ou en jour folemnel, d'être Banneret: & s'il augmente par après sa seigneurie, alors il peut se dire, nommer & intituler Baron par la permission de son Roi.

Enfin il y en a qui soutiennent qu'en France celui-là peut se dire Baron, qui jouit dans son territoire de la haute, moyenne & basse justice, & du droit de foire.

De cette analyse faite des ouvrages des meilleurs Écrivains, tant allemands que françois, il suit que le Noble qui peut faire remonter sa Noblesse au tems où les noms des familles & les armoiries sont devenus propres & héréditaires: qui justifie que ses Ancêtres ont été Chevaliers, qu'ils ont été admis aux Tournois: qu'ils ont eu des villes ou châteaux forts: qu'ils ont fait la guerre & fait des traités de paix: qu'ils ont eu des vassaux sous eux, connus sous le nom de *Vavasseur:* que dans les titres publics ils ont été qualifiés des titres de **Frey**, **Freyherr**, **Herr**, **Edle**, **Edle Herren**, peut avec raison prendre le titre de Baron, surtout si le Souverain lui a reconnu cette qualité.

Après avoir établi les principes préliminaires qui doivent guider dans cette matiere, il s'agit d'en faire l'application à la Famille de *Waldner*, & de prouver dans le fait que cette Famille a droit de prendre le titre de Baron.

Pour cet effet l'on démontrera, 1.° que l'origine de cette Famille remonte plus loin que le douzieme & le treizieme siecle, où seulement les noms propres de Famille ont commencé à devenir héréditaires. La filiation des *Waldner* sera prouvée de génération en génération, jusqu'au tems présent.

2.° Que nombre d'entr'eux ont acquis par leur mérite & leurs services la dignité de Chevalier, & qu'ils ont été admis aux Tournois.

3.° Que de tout tems les anciens & les nouveaux de cette Famille ont porté le titre de **Herren.** Ce qui équivaut au moins au titre de Baron.

4.° Que

4.° Que les *Waldner* font de cette très-ancienne Nobleffe qui poffédoit des châteaux forts: qui faifoit des confédérations, la guerre à des Princes, à des Seigneurs & à des villes, & des traités de paix.

5.° Qu'ils avoient des Vaffaux nobles qui les fuivoient à la guerre.

6.° Qu'ils poffédoient des Seigneuries confidérables.

7.° Qu'ils ont fait de grandes alliances.

8.° Que dans les guerres des Souverains & de l'État, il y a eu des *Waldner* qui commandoient en différens grades, & étoient Seigneurs-Bannerets & Chefs de corps militaires.

Enfin l'on fera connoître que le titre de Baron peut d'autant moins être refufé aux *Waldner*, que ce titre leur a été avoué par le Souverain même & par la Cour Souveraine de la Province.

ORIGINE des WALDNER.

L'origine de cette Famille n'eft pas plus connue que celle des nations, des grandes maifons, des loix, des coutumes & des titres, &c.

HEIS dans fon Hiftoire d'Empire fur la vie de Louis *le Débonnaire*, année 814, parle d'un *Waldner* qui a été l'un des Généraux de cet Empereur: Mais comme pour-lors les noms propres n'étoient pas encore héréditaires, les *Waldner* d'aujourd'hui ne peuvent pas affurer qu'ils defcendent de lui.

Dans le douzieme fiecle il eft queftion des *Waldner*; & c'eft d'eux que defcendent ceux d'aujourd'hui. On les a appellé *Waldener*, *Waldener*

B

de Gebwiller, *de Sultz*, *de Thann*, &c. & aujourd'hui *Waldner de Freundstein*.

Les regiſtres des Tournois rappellent neuf *Waldner* qui y ont été admis, ſavoir: *George de Waldner* à celui de Zurich en 1165; *Bernard*, à celui de Würtzbourg en 1235; *Henri* & *George*, à celui de Ravensbourg en 1311; *Jacques*, à celui de Bamberg en 1362; *Didier*, *Dietrich*, a été le Directeur de celui de Schaffhouſe; *André* & *George-Jean*, auſſi à celui de Schaffhouſe en 1392; & *Jean*, à celui de Heilbronn en 1408. Surquoi on peut conſulter *Rixner* dans ſon livre des Tournois, & *Butselinus* dans ſes Annales d'Empire (*).

Il eſt à obſerver qu'on ne pouvoit pas être admis aux jeux des Tournois à moins d'avoir fait preuve de quatre quartiers de Nobleſſe; d'où il réſulte que les Ancêtres de *George Waldener*, admis au Tournoi de Zurich en 1165, étoient déja nobles en 1075, en comptant trente années pour une génération des trois requiſes, pour faire la preuve des quatre quartiers de Nobleſſe. Ce qui donneroit à la Famille de *Waldner* ſept-cents ans de Nobleſſe bien conſtatée.

On a déja obſervé ci-devant, que les noms propres n'étoient point héréditaires avant le treizieme ſiecle. La Famille de *Waldner* fait connoître que le nom propre de *Waldener* n'eſt devenu propre à cette Famille que vers le milieu de ce ſiecle.

Un titre paſſé par *Ulrich*, Comte de Ferrette, en l'année 1235, fait mention d'un *Grafton de Gebwiller:* deux autres titres des années 1244 & 1254 font mention du même *Grafton de Gebwiller*.

Le contrat d'acquiſition de la terre d'Ollweiler, de l'année 1260, le rappelle auſſi ſous le nom de *Grafton;* mais ce même contrat fait mention de quatre de ſes Fils, qui y ſont appellés *Waldener*.

(*) *Rixner Turnier-Buch*, fol. 80. 121. 134. 142. 150. 152. & 160.

Dans un titre de l'an 1262, *Walther* Évêque de Strasbourg en s'adreſſant à deux des Fils de *Grafton*, *Conrad* & *Hermann*, dit: *aux amés & féaux les Chevaliers de Gebwiller*, *dilectis & fidelibus militibus de Gebwiller.*

Le Duc *Albert* d'Autriche, Fils de l'Empereur *Rodolphe* de Habsbourg, appelle en 1292 ce même *Conrad* le preux Chevalier *Conrad Waldener*: **der Erbahre Ritter Conrad Waldener.**

Ce qui prouve que dans ces tems les noms propres n'étoient pas encore ſtabilités. Ils le furent peu après dans la Famille de *Waldner*; car depuis l'année 1297 on ne rencontre dans les titres plus d'autre nom, que celui de *Waldener* & *Waldner.*

C'eſt donc *Grafton de Gebwiller* qui eſt la ſouche connue des *Waldner.* La preuve ſe tire du contrat d'acquiſition de la terre d'Ollweiler, qu'on vient de citer, qui porte que l'Abbé de l'Abbaye de Lieu-Croiſſant a vendu cette terre aux quatre Freres *Conrad*, *Hermann*, *Günther* & *Eberhard Waldener*, Fils du Seigneur *Grafton de Gebwiller.* C'eſt *Hermann Waldener*, l'un deſdits quatre Fils, qui a continué la ſouche des *Waldener*, qui exiſtent à préſent.

Les pactes de familles, les traités de confédération (**Burgfrieden**) paſſés dans la Famille juſqu'en 1408, prouvent la deſcendance des *Waldner* de *Grafton de Gebwiller*, par *Hermann Waldner*, l'un de ſes Fils: & la ſuite de cette deſcendance depuis 1408 eſt juſtifiée par quantité d'inveſtitures des Archiducs d'Autriche, des Évêques de Baſle & de Strasbourg, des Princes de Murbach, des Princes de Baaden, de Würtemberg & d'autres Seigneurs de fiefs: par des contrats de mariage, des inventaires, teſtamens, &c. Par des monumens publics, tels que les tombeaux & épitaphes de la Famille qui ſe voyent dans les égliſes de Gebwiller, de Soultz, de Hartmansweiler, Berweiler, Thann, Schweighauſen, Heimſprun, Haguenbach, Enſisheim, Sierentz, Baldenheim, Vendenheim, Mülhouſe, Baſle, Struntz dans le Tirol, Gotha, &c.

Cette defcendance & filiation de *Grafton de Gebwiller* eft indiquée par fept Tabelles généalogiques, dont on certifie la fidélité, parce qu'elle eft établie par pieces.

On ne peut donc refufer aux *Waldner* l'avantage de l'ancienneté de la Nobleffe. Mais quels font les titres & qualités qu'ils peuvent prendre outre ceux de Gentilshommes ? C'eft ce qui conduit à l'examen de la feconde & troifieme propofition qu'on a annoncé ci-devant.

Les Waldener *Chevaliers & admis aux tournois, qualifiés de* **Herren**, *Seigneurs, Meffires.*

Les titres de 1262 & de 1292, qu'on a rappellé en établiffant la premiere propofition, prouvent que les Enfans de *Grafton* étoient déja qualifiés de Chevaliers. Il eft également démontré, que les *Waldener* ont été admis aux Tournois dès l'année 1165.

En fuivant l'ordre chronologique & hiftorique de cette Famille, on fe convaincra que le titre de Baron, exprimé par le mot, **Herr**, ou par d'autres qui y équivalent, lui a été conftamment accordé.

Dans les titres confervés dans les archives de Murbach, il eft déja fait mention d'un Seigneur Berchtold de Waldner, *Dominus Berchtoldus Waldenarius*, qui vivoit en 1232.

Le contrat d'acquifition de la terre d'Ollweiler de l'année 1260, qualifie *Grafton*, de Seigneur, *Dominus*.

En 1280, dix-huit jours après la S. Jean-Baptifte, il fe paffe un traité entre *Conrad* & *Hermann de Waldner*, Fils de *Grafton*, fous la médiation du Comte *Thiébaut* de Ferrette, & fous le feing de douze

Chevaliers & de deux Écuyers, dans lequel titre *Conrad* & *Hermann de Waldner* font qualifiés de **Herren.**

Ce titre remarquable par fon antiquité eft digne d'attention. Il eft fcellé de treize fceaux : *Thiébaut* de Ferrette y figure comme Comte; il étoit le principal Seigneur du pays: les deux *Waldener* y font qualifiés de Seigneurs, **Herren:** douze autres comme Chevaliers, **Ritter:** & deux comme Écuyers, fans autre qualification ni titre.

Ce titre fait fentir la diftinction qu'on faifoit dans le treifieme fiecle des expreffions dont on fe fervoit pour rendre les qualités à un chacun, & pour ne les pas confondre; on y diftingue des Chevaliers, des **Herren**, Seigneurs, & des fimples Écuyers, défignés par le mot *de* ou **von.**

En 1297, *Eberhard de Waldener* prend la qualité de **Herr**, Seigneur, dans un premier traité de confédération.

En 1315, *Henri Krafft de Waldener* vend à *Fréderic III* d'Autriche, Roi des Romains, un cheval pour cinquante marcs d'argent. L'acheteur Roi ne pouvant pas payer comptant le prix d'achat, donne cinq Seigneurs pour garants du payement. Ce cautionnement fut donné entre autres par un *Gerolseck*, un *Fleckenftein*, & un *Guirbaden:* ces Seigneurs qualifient *Henri Krafft* de *preux Chevalier le Seigneur Krafft le Waldener:* **Den Erbarn Ritter Herrn Krafftenn denn Waldener.**

Il eft à obferver fur ce titre que les *Fleckenftein*, *Gerolseck* & *Guirbaden* y font rappellés fans qualification, quoiqu'ils fuffent inconteftablement *des Barons*, *des Dynaftes*, *des Seigneurs*, **Herren**, cependant les mêmes qualifient *Krafft de Waldener* de **Herr.**

En 1324, le Chevalier *Richard de Dale* vend au même *Krafft de Waldener*, fon Heaume ou Cafque, il le qualifie dans le contrat de **Erbare Ritter, Herr Krafft Waldener.**

Le même dans une Requête, présentée à *Jeanne* Comtesse de Ferrette, expose, qu'il avoit vendu un fief au Seigneur *Hermann*, Chevalier de *Waldener*, **Herren Hermann Waldener einem Ritter.** Dans le contrat de vente il lui donne les mêmes titres.

En 1336, *Hermann de Waldener*, conclut un Traité de Paix avec le Seigneur *Henri de Roudchamp. Krafft*, pere de *Hermann*, y est appellé *Dominus Krafft:* & dans un second Traité de Confédération du Freundstein, de 1341, il est qualifié de **Herr.**

Un titre existant dans les archives de Murbach, daté de l'an 1330, annonce, que *Henri Waldener* étoit Préposé ou Prévôt de l'Eglise de Murbach: il est nommé dans ce titre *honorabilis vir Dominus Henricus Waldenarius, Præpositus Ecclesiæ Sanctæ Mariæ Murbacensis.* On ne donnoit pas alors à un Religieux Bénédictin d'un rang ordinaire, la qualité d'honorable Seigneur.

Autre titre de l'année 1348, dans lequel la ville de Waldshout, l'une des quatre villes forestieres, donne à *Hermann de Waldener* le titre de **Veste, Frumme Herr, Herr Hermann der Waldener, Ritter zu Gebweiler.**

Pareille qualification donnée au même dans un contrat d'échange passé en 1359, avec l'Abbesse de Königsfelden.

Berchtold de Waldener est qualifié dans un acte passé en 1341, pardevant le Prévôt & Magistrat de Soultz, **der Wyße und Veste Ritter Herr Berchtoldt.**

En 1384, *Conrad Berchtold* & *Krafft de Waldener*, s'étant cautionnés pour la Comtesse *Elisabethe* de Neufchâtel, & pour *Egon* Comte de Fribourg, ceux-ci leur donnérent des lettres d'indemnité, dans lesquelles ils sont rappellés dans les termes suivans: **Herr Cunrad denn man spricht Ritter Waldener, Berchtoldt Waldener, Ritter, und Krafft Waldener . . . . die genannte Herre Cunrad; Herrn Berchtoldt und Krafft.**

Dans le troisieme traité de Confédération de Freundstein, en date de l'année 1408, on donne la qualité de Seigneur, Herr, à *Berchtold* & *Conrad de Waldener*.

En 1469, *Charles le Hardi*, Duc de Bourgogne, Engagiste du Landgraviat d'Alsace, du Comté de Ferrette, de la ville de Brisach, de la Forêt noire, & d'autres terres aux termes de l'engagement passé à son profit par le Duc *Sigismond* d'Autriche, a créé *Hermann de Waldener*, son Conseiller & Gouverneur èsdits pays; il le nomme *son amé & féal Chevalier Messire Hermann Waldener.*

Dans un traité de Paix très-authentique, conclu à Colmar le mardi d'après la St. Mathias de l'année 1490, entre *Anastase* & *Jacob Waldner*, freres, & *Albert*, Évêque de Strasbourg, leur pere est appellé Herr Hermann Waldener Ritter.

L'on pourroit citer encore différens autres actes qui établissent la qualification que les Nobles de *Waldener* ont eu depuis l'an 1200, jusqu'en 1500, de Chevaliers, de Herren, Seigneurs, mais ceux qu'on vient de rappeller, doivent suffire, pour prouver, que les titres n'ont pas varié dans leur Famille dans des tems où les qualités n'étoient pas prodiguées indifféremment, comme de nos tems, & où le mot de Herr n'étoit donné qu'aux Dynastes & à ceux qui avoient la prérogative de Barons.

L'on établira par la suite que, depuis que l'Alsace a passé à la Couronne de France, le titre de Barons a été avoué & reconnu par le Souverain même aux *Waldners*.

L'on ne sera pas surpris que les Nobles de *Waldner* ayent eu des qualifications au-dessus de celle de Gentilshommes ordinaires, vu qu'ils étoient de vrais Dynastes, des Barons, des Seigneurs, qui étoient immédiats & libres, ayant des châteaux forts, faisant la guerre à des Princes & à des villes, suivie de traités de paix.

Possessions de Châteaux forts, Confédérations, Guerres & Traités de Paix.

Il n'appartient qu'à la supériorité territoriale de bâtir des châteaux & de lever des forteresses. Dès l'année 1232, l'Empereur *Fréderic* dans la Diéte tenue à Utin, fit défenses de faire construire aucun château, ni ville dans les terres de l'église sous prétexte d'avocatie ou de tout autre prétexte. Ce qui donne à connoître que ceux qui avoient des châteaux forts ne les avoient établis que dans des endroits où ils avoient la supériorité territoriale.

Les *Waldner* ont de tout tems possédé plusieurs châteaux forts. Ils en possédent encore qui ont été construits & fortifiés par leurs Ancêtres, il y a passé cinq siecles.

Quatre Freres, *Conrad*, *Hermann*, *Günther* & *Eberhard Waldner* achetent en 1260 la terre d'Ollweiler, *cum omnibus juribus:* ils l'offrent en fief oblat à *Berchtold*, Évêque de Strasbourg.

L'année suivante ils en font un château fort; l'Évêque demande la liberté d'y mettre garnison quand le besoin de son église l'exigeroit; cette permission lui est accordée à condition que, la guerre finie, il restituera le château avec toutes ses fortifications & munitions dans le même état où ils lui auront été remis. L'acte, qui en a été dressé, est de 1269, scellé & approuvé par l'Abbé de Murbach, par *Rodolphe*, Comte de Habsbourg & de Kibourg, (qui quatre ans après a été élevé à la suprême dignité impériale), par le Seigneur de Rappolstein & trois autres Seigneurs.

A l'époque du treizieme siecle les *Waldner* possédoient depuis long-tems un autre château fort, appellé *Freundstein*, situé sur la pointe d'une des montagnes des Vauges, avec des fossés taillés dans le roc;

ses

ſes ruines ſubſiſtent entre Soultz & St. Amarin. Ce château a donné lieu à pluſieurs Traités de Confédération dans les treizieme, quatorzieme & quinzieme ſiecles, dont il ſera queſtion plus amplement par la ſuite.

En 1311, *Berthold* Évêque de Strasbourg, donne au Seigneur *Berchtold Waldener* Chevalier, le château de Bollweiler en fief. Les *Waldner* l'ont poſſédé avec la Seigneurie juſqu'en 1511, que le tout a été rendu aux Barons de Bollweiler.

En 1377, *Pierre de Bollweiler* engage à *Guillaume de Waldener* ſon château de Wildenſtein, & l'en met en poſſeſſion. Ce château eſt ſitué au fond de la vallée de St. Amarin & a été un des plus fameux châteaux de la Province. Il a été aſſiégé & pris par le Maréchal *de La Force*, & Louis XIV l'a fait détruire.

Le Seigneur *Hermann de Waldener*, après avoir acheté le château de Weckendal, l'offre en fief à *Arnold* Évêque de Baſle, qui lui en donne l'inveſtiture en 1457. *Hermann* le fortifie, le fait entourer d'un triple foſſé & flanquer de tours, avec un glacis & une demi-lune. Ce château a ſubſiſté longtems garni de munitions & de treize pieces de canons.

En 1450, le même Évêque de Baſle (*Arnold*) avoit déja donné à *Hermann de Waldener* le château & fortereſſe de Hartmannsweiler. En 1476 l'Évêque *Jean* le confére en fief au même *Hermann* & à ſes Agnats. Ce château eſt entouré d'un large & double foſſé, & touche à l'égliſe, qui ſervoit auſſi de fortereſſe, puiſqu'elle eſt entourée de hautes murailles & flanquée de quatre tours, entourée d'un large foſſé (*).

En 1394, le Duc *Albert* d'Autriche donne en fief à *Conrad de Waldener* le château de Heitweiler avec la Seigneurie.

(*) Les *Waldner* ſont Patrons & Collateurs de cette égliſe.

En 1513, *Anastase* & *Jacob Waldner* avec les *Reinach* sont possesseurs du château de Châtillon en Franche-Comté. L'Empereur *Maximilien II* leur prête deux couleuvrines de campagne, douze boëtes, quatre quintaux de poudre & cent florins du Rhin.

En 1572, *Jacques-Christophe & Burkard de Waldner* sont mis en possession de la Seigneurie & du château de Schweighausen par *Ferdinand* Archiduc d'Autriche.

Les *Waldner* possédent actuellement encore les châteaux de Freundstein, d'Ollweiler, de Weckendal, de Hartmannsweiler & de Schweighausen.

Confédérations, Guerres & Traités de Paix.

Les discussions & les différends ne se vuidoient en Allemagne dans les treize, quatorze, quinze & seizieme siecles que par des Arbitres ou par la force. Le droit manuaire, das Faustrecht, étoit en usage; & les guerres entre les États de l'Empire étoient tolerées, même permises ainsi qu'on l'apprend par la teneur de la Bulle d'or de l'année 1356, qui forme une des Loix fondamentales de l'Empire. Tout ce qui étoit État de l'Empire, tous les Seigneurs immédiats pouvoient faire la guerre : les Tribunaux de l'Empire n'existoient point encore.

L'on a ci-devant fait mention de trois Traités de Confédération conclus entre les *Waldner*.

Observons d'après les publicistes que le droit de Confédération ou de Confraternité, en allemand **Burgfrieden** : celui de fortifier un château & d'y tenir des troupes sont inséparables de l'immédiateté & de la supériorité territoriale.

Le premier Traité est daté de Guebwiller du lundi après la derniere fête de Notre Dame de l'année 1297, il eſt ſcellé de dix ſceaux, ſavoir de ceux de quatre *Waldener* qui étoient les contractans, & de ceux de ſix Seigneurs de leurs amis.

Par le premier article les contractans ſubſtituent leur château de Freundſtein & ſon territoire, & s'engagent de ne le donner, vendre, hypothéquer, partager ni le déterriorer en aucune façon.

Ils ſe promettent réciproquement, que s'il arrivoit qu'il y eut guerre dans le pays, & que l'un prit parti d'un côté, & l'autre de l'autre, que néanmoins il y auroit toujours paix dans l'eſpace de 40 verges tout autour du rocher ſur lequel le château eſt ſcitué.

Le ſecond Traité eſt de l'an 1341, paſſé entre ſix *Waldener*: ils jurent tous les ſix d'obſerver une paix, **ein Burgfrieden**, inviolablement. Il y eſt dit, que ſi quelqu'un contrevenoit au Traité, il ne ſera jamais reçu dans le château de Freundſtein, à moins qu'il n'en ſoit décidé autrement par les deux anciens poſſeſſeurs du château, leſquels régleront la punition qu'il aura méritée. Il eſt auſſi convenu qu'on entretiendroit toujours ſur la fortereſſe des ſoldats fidéles comme du paſſé, & que les ouvrages & bâtimens ſeroient entretenus en bon état, par le même acte on régle la garde des priſonniers qu'on fera.

Dans le troiſieme Traité de l'année 1408, on remarque différens réglemens ſur les priſonniers, les armes & les munitions qui ſe trouveroient ſur la fortereſſe: il eſt muni de ſept ſceaux des Contractans, qui étoient des *Waldener*.

Dans ces trois Traités il n'eſt queſtion ni de Supérieurs, ni de Souverains; tout y reſpire la liberté, l'indépendance, l'immédiateté, l'illuſtration & la propriété.

On conſerve dans les Archives de la Famille, Copie de la Taxe que payoient ceux auxquels on accordoit azyle & retraite dans le château de Freundſtein. **Ein Herr**, *un Seigneur*, payoit pour être admis au château de Freundstein 25 florins; **ein Ritter**, *un Chevalier* 15; *un Gentilhomme* 10; & *un Cavalier* armé aussi 10 fl. Par-là on voit aussi la distinction qu'on faisoit dans ces tems du Seigneur **Herr**, au Chevalier **Ritter**, & au Gentilhomme **Edelmann**.

En l'année 1336, après beaucoup d'actes d'hostilités, commis entre *Hermann Waldener* & *Henri* Seigneur de Rondchamp, sur la terre & les sujets de Buçans appartenant à ce dernier, il est passé un Traité de Paix entre ces deux Seigneurs sous la médiation de différens Seigneurs & Gentilshommes. *Hermann* promit pour l'avenir à *Henri de Rondchamp* azyle, retraite, bon conseil & assistance.

Vers l'année 1341, *Henri*, *Berchtold*, *Hermann* & *Guillaume de Waldner* font la guerre à l'Abbé Prince de Murbach: elle est terminée par la médiation de l'Évêque de Strasbourg, par un Traité du mecredi avant la St. Michel de ladite année 1341, par lequel les *Waldener* s'engagent de ne plus attaquer ni la personne, ni les biens, ni les sujets dudit Abbé.

En 1344, *Jean de Habsbourg*, de qui les *Waldener* tenoient plusieurs fiefs, est constitué prisonnier à Zurich. Les *Waldener*, qui étoient soutenus, suivant les Chroniques de Suisse, par les villes de Basle & de Strasbourg, attaquérent les Zuricois partout où ils les trouvoient, les rançonnoient & les menoient prisonniers dans leur forteresse de Freundstein.

Par représailles les Zuricois firent arrêter cent Bourgeois de Basle & 70 de Strasbourg, qui alloient en pélérinage à Notre-Dame des Hermites.

Cette entreprise porta les villes de Strasbourg & de Basle à faire alliance avec les Évêques desdites villes, & avec d'autres Princes & villes d'Alsace.

Zurich ſe voyant menacée de tout côté, rendit les priſonniers & relâcha le Comte *Jean de Habsbourg*, & c'eſt ainſi qu'en 1351 cette guerre ſe termina (*).

En 1365, les *Waldener* ont la guerre avec la ville de Strasbourg.

En 1444, *Hermann Waldener* ſe joignit avec beaucoup de Princes & Seigneurs du Pays à l'armée du DAUPHIN (depuis LOUIS XI) & combattit contre les Suiſſes, qui ſont battus près de Baſle.

Jean Waldener ayant été inſulté par ceux de Soultz, on en vint aux hoſtilités, & enſuite on convint d'arbitres qui décidérent que le Conſeil-de-ville de Soultz lui demanderoit pardon en préſence du Seigneur *de Buſsnang* Chanoine de Strasbourg (élu Évêque de Strasbourg par une partie du Chapitre) Seigneur de l'Ober-Mundat, & qu'on livreroit aux Arbitres les gens qui avoient inſulté *Jean Waldener*. Le Jugement arbitral eſt daté du lundi après le dimanche Reminiſcere de l'année 1448.

En 1459, *Hermann Waldener* avoit déclaré la guerre à la ville de Francfort, pour ſoutenir le parti d'*Erhard de Montfort*. Pour faire ceſſer les hoſtilités, la ville de Francfort lui écrit une lettre datée du mardi avant la Pentecôte de ladite année, par laquelle elle le prie de faire ceſſer l'effet de ſon inimitié, & lui offre ſatisfaction par la médiation des villes de Strasbourg & de Spire.

La derniere, mais la plus fâcheuſe guerre que la Famille *de Waldner* ait eu à ſoutenir, a été contre les habitans de Soultz & de tout l'Ober-Mundat, à eux joints les Évêques de Strasbourg, *Ruprecht* & *Albert*, tous les deux de la Maiſon Palatine.

(*) Vid. BERNARD. HERTZOG. Chron. Alſ. Lib. VI. p. 290. Rhan Eidsgenoſſiſchen Geschichtbeſchreibung ad ann. 1350, pag. 73 Simler von der Stadt Zürich. Jakob Lauffer Beschreibung Helvetiſcher Geſchichte, Tom. IV. fol. 44. ÆGIDIUS TSCHUDI Chron. Helvet. Parte I. Lib. V. p. 387. ALBERTUS ARGENTINENSIS, ad ann. 1350. Tom. II. p. 155. apud URSTISIUM.

Un tréſor trouvé dans un champ de *Hermann Waldner* en a été la cauſe; l'Évêché de Strasbourg le prétendoit.

En 1473, les habitans de Soultz ſurprirent inopinément les villages de Berweiler & de Beroltzweiler, qui appartenoient à *Hermann Waldner*, les pillérent & y commirent beaucoup d'excès, ſuivant une rélation manuſcrite de toute cette guerre qui eſt dans les Archives de la Famille. Ils tentérent auſſi de ſurprendre le château de Weckendal: on fit la guerre & on négocia la paix par l'entremiſe de l'Empereur *Fréderic* IV; mais *Hermann Waldner* & l'Évêque *Ruprecht* moururent dans ces entrefaites.

Albert nouvel Évêque continua la guerre avec les deux Fils de *Hermann*, qui demandérent du ſecours à leurs Parens & Amis. Ils raſſemblent un Corps de 300 Gensd'armes ou de Cavaliers, & de 1200 hommes de pied, & forment la réſolution de prendre l'Évêque dans ſon château d'Iſenbourg, & de ſe rendre maîtres de la ville de Rouffach.

Cette entrepriſe ayant échouée, ce Corps de troupes en ſe retirant tomba ſur Gundelsheim, Hartmannsweiler & Wuenheim, villages de l'Évêché, qui furent pillés. Les troupes de l'Évêque en firent autant des deux villages de Berweiler & de Beroltzweiler, & attaquérent le château de Weckendal.

Enfin l'on convint d'un Congrès à Colmar, où ſe trouvérent les Gens de l'Évêque, le Député de l'Électeur Palatin, les *Waldener* & leurs Amis Seigneurs & Gentilshommes, au nombre de 70. Le Traité y fut conclu le mardi après la St. Matthieu de l'année 1490, par lequel entre autres il fut convenu, que l'on ôteroit du gibet de Soultz les trois Soldats des *Waldner* qui y avoient été pendu injuſtement: qu'ils ſeroient enterrés honorablement, & que l'Évêque payeroit aux deux Freres *Waldener* 800 florins.

Depuis cette date les *Waldner* n'ont plus été dans le cas d'entreprendre ni de foutenir aucune guerre, parce que l'Empereur *Maximilien I.* parvint à faire agréer par les États d'Empire une pacification générale, qui défendoit les voies de fait, les défis & les guerres entre tous les États de l'Empire, & qui établiffoit des Tribunaux de juftice pour décider des différends: cette pacification a été conclue à l'affemblée de la Diéte générale, tenue à Worms l'an 1495.

Vaffaux nobles qui fuivoient les Waldner à la guerre.

Nul étoit en droit de donner des fiefs à moins qu'il eut le droit de faire la guerre & de bâtir des fortereffes; auffi de droit commun les fiefs ne peuvent-ils être donnés qu'à des perfonnes qui peuvent rendre des fervices militaires.

La maifon de *Waldner* a eu des Vaffaux nobles, la preuve en eft adminiftrée par un titre daté du mardi après la décollation de St. Jean de l'an 1339, par lequel *Hennemann de Heitwiller* céde à *Hermann de Waldener* fon beaufrere, le domaine direct & la fuzeraineté fur les Vaffaux fuivans, & fur les fiefs relevant de lui: favoir fur *Rutfch de Soultzbach*, *Bertfchmann de Gettersdorff*, le fils de *Simon de Haguenbach*, le fils de *Pierre Zerreiche d'Uffholtz*, &c.

Ce même *Rutfch de Soultzbach* a offert en fief fon château, enfemble ce qui eft en deçà & en delà du foffé d'icelui à fon Seigneur, le Seigneur *Hermann Waldener*. (Ce font les expreffions allemands) *Hermann* le lui confere en fief mafculin le jour de St. Mathias 1349.

La famille de *Soultzbach* s'étant éteinte 246 ans après, *Jacques-Chriftophe* & *Wolff de Waldner* donnerent ce fief au Chancelier d'Autriche *Jacques Holtzapfel*, par acte du 16 août 1585.

En 1375, *Hermann* Abbé de Schauenbourg, obtint de *Hermann Waldener* la permission de vendre à *Hartmann de Masmünster* le fief du château d'Enschusingen, aujourd'hui Enschingen, près d'Altkirch, relevant dudit *Hermann Waldner* : *Hermann de Masmünster* promet fidélité au Seigneur *Hermann*, l'acte est daté du jeudi après la St. Barthelemi 1375.

Frischmann d'Itzig atteste par une lettre scellée en date du mardi avant la Ste. Catherine 1430, que *Hermann de Trothoffen* & son fils *François de Trothoffen* tenoient en fief de *Conrad Waldener* une rente de 20 sacs de seigle à prendre sur la dixme de Karlispach.

Seigneuries.

Le détail qu'on a fait des châteaux & forteresses que les *Waldner* possédoient, comprend pareillement les Seigneuries considérables qu'ils possédoient anciennement, il est par conséquent superflu d'en faire encore la répétition ; celles qu'ils possèdent aujourd'hui & les nouvelles dont le Comte de *Waldner* a fait l'acquisition, sont connues.

Grandes Alliances.

Les avantages pour les familles nobles d'avoir fait de belles alliances sont très considérables.

Les *Waldner* ne se sont jamais mesalliés, ils ont toujours conservé la pureté de leur Noblesse. L'on rappellera partie des alliances qu'ils ont contractées.

La premiere femme, dont il est fait mention dans la généalogie des *Waldner*, est *Marguerite de Steinbrunne*, femme de *Conrad Waldener* en 1280.

Henri Krafft avoit pour femme *Anne de Hungerstein*, comme on peut le voir sur son beau monument qui se trouve dans l'église des Dominicains de Guebwiller, qu'il a fondé en 1298.

Berch-

Berchtold, frere cadet de *Henri Krafft* avoit pour femme *Benignosa Senn de Muntzingen* fille de *Burckard Senn* Baron & Chevalier, & de *Jeanne* Comtesse *de Bucheck*.

Les freres de cette *Jeanne* étoient 1.° *Hugues* Comte *de Bucheck*, qui en 1315 étoit Gouverneur de Rome & un Héros de son tems. 2.° *Berchtold* Évêque de Strasbourg & de Spire. 3.° *Mathias* Archévêque de Mayence. Le frere de *Benignosa Senn* étoit *Jean* Évêque de Basle, élu en 1335, & mort en 1365.

Hennemann de Waldener avoit en 1349 pour femme *Agnès* fille du Chevalier *Hermann de Hatstatt*.

Conrad de Waldner a eu pour seconde femme *Ursule* Comtesse de *Nellenbourg* morte en 1390, comme cela se vérifie sur sa tombe dans la Chapelle des *Waldner* à Soultz. Elle a eu d'illustres parens en ligne ascendante & descendante, & le Comté de Nellenbourg a passé peu après par alliance dans la maison d'Autriche.

Hennemann II de Waldner épouse en 1435 *Jeanne* fille de *Hartmann de Masmünster*.

Elisabethe de Waldener fille de *Conrad II*, & de sa seconde femme *Ursule* Comtesse *de Nellenbourg* a épousé *Jean* Baron *de Morimont*, son fils *Pierre* Baron *de Morimont* & *de Belfort* a été tuteur de *Jean* & de *Guillaume Waldener* ses cousins germains & Général de l'Armée Autrichienne contre les Suisses en 1447; de cette *Elisabethe Waldener* descendent quantité de Princes & Comtes Souverains de l'Empire.

Jean-Guillaume de Waldener épouse en 1520 *Marie de Montjoutin*, issue d'une illustre maison du Comté de Bourgogne.

Véronique Waldener fille de *Hermann de Waldener* & d'*Eve de Schilcken* avoit pour Époux en 1485, le fameux Général & Chevalier *Fréderic Cappeler*, dont les faits mémorables sont rapportés dans les chroniques de Basle & d'Ensisheim, dans PHILIPPE *de Commines* & dans SCHLEIDAN.

Les *Waldner* ont eu des Alliances avec les *d'Andlau*, les *Halwyl*, les *Reichenstein*, les *Wessenberg*, les *Lützelburg*, les *Flachsland*, les *d'Eptingen*, les *Reinach*, les *Ferrettes*, les *Berckheim*, les *Berenfels*, les *Sickingen*, les *d'Ulm*, les *Dettlingen*, les *Venningen*, les *Rotberg*, les *Wetzel de Marsilien*, les *Berenhausen*, *Sandersleben*, &c.

Dorothée de Müllinen épouse de *Jacques-Christophe de Waldner*, avoit pour grand-pere un Comte *d'Arberg*, branche cadette des Souverains de *Neufchâtel.*

En 1647, *Philippe-Jacques Waldner* a épousé *Ursule* fille de *Jean Wolffgang* Baron *de Turckheim*, & de *Véronique* Baronne *de Fleckenstein.*

Fréderic-Louis de Waldner a épousé en 1674, *Marie-Cordule de Rothschultz*, niéce de l'Électeur de Mayence-*Schœnborn*, &c.

Son fils *Fréderic-Louis II de Waldner* avoit pour épouse *Françoise-Salomé de Wurmser*, qui a apporté en mariage la Seigneurie immédiate de Schmiheim. Elle étoit niéce & petite-niéce des Comtes *de Flemming* & de *Manteuffel*, tous deux successivement premiers Ministres d'*Auguste I* Roi de Pologne, Électeur de Saxe.

Quoiqu'on n'ait rapporté ci-dessus que les alliances les plus illustres des *Waldener*, on certifie & on est en état de démontrer que de toutes les autres il n'y en a aucune qui soit équivoque.

Dans les guerres des Sou- Quoique les *Waldner* ayent toujours eu la vocation constante de se distinguer dans les armes pour

Souverains & de l'État il y a eu des Waldner *qui commandoient en différens grades, & étoient Seigneurs-Bannerets & Chefs de Corps militaires.*

acquerir les Honneurs & les Dignités militaires, il y en a cependant qui parmi eux sont parvenus aux dignités Ecclésiastiques.

Henri Waldener étoit en 1330 Grand-Prévôt du Chapitre noble de Murbach.

Guillaume & *George Waldener* ont été reçus en 1390 & en 1485, l'un à Murbach & l'autre à Lure.

Claire-Elisabethe, fille de *Jean-Guillaume de Waldener*, a été élue en 1518 Abbesse de l'Abbaye d'Ottmarsheim.

Christophe de Waldener a été Chevalier de Malthe en 1507; il s'est trouvé au siége de Rhodes, & a été tué à l'assaut du 17 Septembre 1522, commandant les Allemands, après avoir enlevé un étendard aux Turcs, qu'ils avoient déja plantés sur le rempart de Rhodes. MATHIEU DE GOUSSANCOURT dans son Martyrologe des Chevaliers de Jérusalem dit, qu'il étoit Castelan de Rhodes: JACQUES FONTANUS *de bello Rhodio* lui donne les plus grands éloges de valeur.

Sébastien Waldner est reçu Chanoine de la Cathédrale de Basle en 1509; l'Empereur *Maximilien I*, dans une lettre qu'il écrit à son petit-fils *Charles* Roi d'Espagne, lui recommande *Sébastien Waldner* & *Mathieu d'Eptingen* dans les termes suivans: " au surplus pour ce que lesdits Gentilshommes sont de „ bonne Noblesse de notre Comté de Ferrette, les avoir „ pour recommandé & nous ferez chose agréable. „ Cette lettre est datée de Trente du 24 mai 1516, & vaut bien un certificat de Noblesse, & même un Diplôme moderne de Baron.

François-Louis de Waldner de Freundstein est reçu le 2 octobre 1748 Chevalier de Malthe dans l'Ordre de St. Jean de Jérusalem au baillage protestant de Sonnenbourg, & créé Chevalier en 1764.

Louis-Hermann-Anastase de Waldner de Freundstein, est créé Chevalier de l'Ordre Teutonique en 1758 ; en 1770 il est fait Commandeur particulier de la grande Commanderie de Luclum; en 1771 il obtient la Commanderie de Göttingen.

Krafft Waldner de Freundstein est admis en 1767 dans l'Ordre de St. Jean de Jérusalem au Baillage de Sonnenbourg.

Godefroi son frere, & fils de *François-Louis de Waldner*, est admis en 1766 Chanoine expectant au Haut-Chapitre de l'Église Cathédrale de Naumbourg.

Henriette-Louise, sœur des deux freres ci-dessus, est reçue en 1767 Chanoinesse de l'Abbaye impériale de Herworden par l'Abbesse Duchesse de Holstein.

Après avoir parlé des *Waldner*, qui ont obtenu des dignités ecclésiastiques, l'on passe à ceux qui ont eu des charges civiles & militaires.

En 1309 le Seigneur *Bertold I Waldener*, Chevalier, est nommé par le Duc *Léopold* d'Autriche Commandant d'Ensisheim avec 40 marcs d'argent, 20 sacs de seigle & 20 sacs d'avoine d'appointements à jouir comme à titre de fief.

Le Seigneur *Henri Krafft I* du nom, étoit en 1315 un des principaux Officiers de l'armée de *Fréderic III*, Duc d'Autriche & Roi des Romains dans la guerre contre *Louis de Baviere* qui lui disputoit le Trone. Les grands services qu'il a rendus à *Léopold* Duc d'Autriche, frere du Roi *Fréderic*, lui ont valu l'investiture de plusieurs fiefs.

Le Seigneur *Conrad II Waldener*, Chevalier, étoit en 1390 l'Écuyer *Scutifer* de *Philippe le Bon*, Duc de Bourgogne, fils de *Jean* Roi de France, & son Envoyé en Allemagne, ce qui est justifié par un titre daté de Beaune le 8 novembre 1390. Le Duc *Léopold* lui donne le château & le village de Heitwiller pour les services qu'il lui avoit rendus. (*)

Hermann III, son frere *Krafft*, *Hennemann* & *Martin* tous *Waldener* étoient à la guerre avec le Duc *Léopold d'Autriche* contre les Suisses: ils sont tous tués avec ce Prince à la bataille de Sempach, le 9 juillet 1386.

Conrad-Thiébaut Waldener Chevalier, assiste en 1414, avec *Conrad* Comte de Fribourg au Concile de Constance, ayant avec lui une suite nombreuse.

En 1480, *Guillaume Waldner* est envoyé par l'Empereur *Fréderic* avec *Henri de Lichtenfels* à Presbourg pour traiter de la Paix avec la Reine de Hongrie d'alors.

Une lettre du Secretaire de l'Empereur *Maximilien I*, addressée en 1494 au Sénat de Strasbourg, annonce que l'Empereur avoit nommé *Jean Waldner* qui étoit Chancelier d'Autriche: Vice-Chancelier de l'Empire, & Grand-Chancelier des Pays héréditaires d'Autriche.

Hermann VI Waldner sert dans l'armée du Duc *Sigismond* dans la guerre contre les Vénitiens, commandée par le Chevalier *Cappeler*, & est tué au combat d'Olsbruck près de Trente en 1487.

Jean Guillaume II Waldner servoit dans l'armée de l'Empereur *Charles-Quint*, qui faisoit le siége de Mezieres, défendu par le fameux Chevalier *Bayard* en 1521.

Anastase Waldner commandoit 400 hommes pour défendre Lure, dans la conquête que son Beaufrere le Chevalier *Fréderic*

(*) Vid. DE LA ROCQUE sur la Noblesse Françoise, Edit. in 4.to page 4. " Le Président „ FAUCHET a rapporté d'anciennes chartres latines où le Grand-Ecuyer de France „ est nommé *Scutyer*, parce qu'il portoit l'Ecu du Roi.

Cappeler fit du Comté de Bourgogne fur *Charles VIII*, Roi de France. En 1496 il étoit Général de la Cavalerie de l'Empereur dans l'armée contre les Florentins.

Jacob Waldner Frere d'*Anaſtaſe*, étant au fervice du Duc *Sigiſmond* d'Autriche, eſt aſſiégé dans le château de Gerolseck, & pris par l'Électeur Palatin en 1485; il eſt délivré & rançonné par le Duc.

Le même, dans l'expédition contre le Comté de Bourgogne & au ſiége de Mezieres, étoit l'un des Généraux qui commandoient.

Béat Waldner Fils d'*Anaſtaſe*, quoique Chanoine poſtulant de Baſle, fert l'Empereur dans l'armée avec laquelle *Charles* Connétable de Bourbon, gagne la bataille de Pavie, & fait priſonnier *François I*, & prend Rome en 1527.

Jean, auſſi Fils d'*Anaſtaſe*, Chevalier du St. Sépulchre & au fervice de l'Empereur *Charles-Quint*, eſt Gouverneur de Pavie, ſe trouve à la bataille de Pavie & au ſiége de Rome, où il planta le premier enſeigne fur les murs avec le Connétable de Bourbon: il y eſt bleſſé & meurt.

Jean-Thiébaut Fils de *Wolff de Waldner*, Conſeiller noble de la Régence d'Enſisheim, a été nommé en 1558 Grand-Bailli des dix Villes impériales en Alſace: en 1560 il a été nommé Commiſſaire de l'Empereur, pour préſider aux États des Pays-Antérieurs d'Autriche.

Jean-Jacques Fils de *Jean-Guillaume de Waldner de Freundſtein* Grand-Bailli de Rötelen, eſt le premier qui fut employé au fervice de France. Il a été tué le 6 Mai 1645 au combat qui s'eſt livré à Marienthal entre les armées commandées par le Vicomte *de Turenne* & le Général *Merci*.

En 1610, 1631 & en 1666 il y a eu des *Waldner* qui ont été ſucceſſivement Directeurs de la Nobleſſe de la Haute-Alſace.

Fréderic-Louis II, pour le diftinguer de fon Pere *Fréderic-Louis de Waldner*, par les profondes connoiffances qu'il avoit du Droit public d'Allemagne, fut appellé à la Cour de France par *Philippe* Duc d'Orléans Régent du Royaume, & confulté par le Miniftre Cardinal *Dubois* fur les Négociations qu'on traitoit en 1723 avec la Cour de Vienne, pour l'expectative éventuelle fur les Duchés de Tofcane, de Parme & de Plaifance en faveur de *Dom Carlos*, Infant d'Efpagne. Les mémoires qu'il fit fur cette affaire, firent tant d'impreffion à la Cour de Vienne, que l'Empereur *Charles VI* accorda l'inveftiture telle qu'elle avoit été minutée par *Fréderic-Louis de Waldner.*

Ce même *Fréderic-Louis de Waldner* a délaiffé cinq Fils qui fe font tous fignalés au fervice. L'on ne parle pas des fervices des *Waldner* actuellement exiftans; ils font connus, ainfi que les grades & les marques de diftinction qui leur ont été accordés par le Souverain.

Il eft donc démontré que les *Waldner* fortent de la plus ancienne Nobleffe; que leurs Ancêtres ont été Chevaliers, des Dynaftes, des Seigneurs, **Herren**; qu'ils ont exercé aux Tournois; qu'ils ont poffédé des châteaux forts; qu'ils ont fait la guerre & la paix, & que parconféquent ils étoient immédiats; qu'ils ont fait de grandes alliances; qu'ils poffédoient des Seigneuries confidérables; qu'enfin ils ont été Chefs de corps militaires & commandoient des armées. Pourroit-on enfuite refufer aux Defcendans de ces Seigneurs dans le tems immédiat le titre de *Barons?*

Le titre de Baron avoué &

S'il pouvoit encore y avoir le moindre doute, il feroit levé par l'aveu que le Souverain a fait de

& donné aux Waldner par le Souverain même, & par le Conf. Souv. d'Alſace.

ce titre en leur faveur dans tous les cas où il a pu être queſtion de les qualifier.

Et d'abord dans l'État qu'a fait M. *Le Laboureur*, Avocat-général au Conſeil Souverain d'Alſace, peu après que l'Alſace a été réunie à la France, les *Waldner* ſont placés dans la claſſe des Barons. Pour cet effet on peut conſulter le Manuſcrit qui ſe trouve dans la Bibliothéque de feu M. le Profeſſeur *Schöpflin*.

En l'année 1747, *François-Louis de Waldner*, pour-lors Major du Régiment Royal Cavalerie, obtient du Roi des Lettres d'État qui portent . . . LOUIS ------ Salut; le Sieur Baron de Waldner, Major de notre Régiment Royal de Cavalerie, étant actuellement employé en cette qualité pour notre ſervice.... Donné à Choiſy le 29.e Nov. 1747.

En l'année 1749, le même obtient une Commiſſion de Meſtre-de-Camp de Cavalerie. Elle porte: LOUIS... à notre cher & bien-aimé *le Sieur Baron de Waldner*, &c.

En 1757, Commiſſion de Colonel en ſecond du Régiment de Bouillon, *pour le Sieur François-Louis, Baron de Waldner.*

Toutes les Lettres de Cachet, qui ont annoncé aux *Waldner* les marques de diſtinction dont le Roi a bien voulu les honorer, ſoit pour les grades militaires, ſoit pour la Croix de l'Ordre du Mérite militaire, commencent par ces mots: *Monſieur le Baron de Waldner!* La ſatisfaction que j'ai des ſervices, &c.

Feu

Feu *Christian-Jacques de Waldner de Berweil*, Colonel d'Infanterie, Brigadier des Armées du Roi, mort des blessures qu'il a eu à la bataille de Rosbach & à celle de Corbach, étant à la Cour en l'année 1755, obtint les honneurs de la Cour. Pour cet effet il a fallu qu'il fit les preuves d'ancienne & illustre Noblesse. Il a fait cette preuve en remettant au grand Généalogiste de France à la suite d'un Mémoire trente-deux Titres originaux, que le Roi lui-même a voulu voir: ce qui a déterminé le Monarque à le recevoir dans ses carosses, à l'admettre à ses soupers, voyages & chasses, & à lui accorder la permission de porter tous ses uniformes de maisons & d'équipages de chasse.

Déja précédemment le Roi voulant illustrer davantage la Famille *de Waldner*, & lui donner des marques de contentement des services par elle rendus, lui a accordé le titre de *Comte* par Lettres Patentes du mois de Juin 1748, enrégistrées au Conseil, & ce à titre de fief relevant du Roi & du Landgraviat d'Alsace, en faveur de l'aîné des Descendans mâles du Comte de *Waldner*, & à leur défaut à son Frere aîné, &c.

Les termes dans lesquels le Monarque a bien voulu s'exprimer dans lesdites Lettres Patentes, sont la preuve & le resumé de tout ce qu'on a ci-devant déja avancé & démontré. L'on y lit entre autres les passages suivans, qui sont remarquables: " La Famille dont il est issu, est une des plus connues de „ notre Province d'Alsace, soit par l'ancienneté de sa Noblesse, „ dont l'origine se perd dans les tems les plus reculés, soit „ par l'illustration dans laquelle elle s'est toujours soutenue... „ Elle a concourue dans une suite d'actes qui caractérisent la „ Noblesse la plus pure & la plus distinguée. Elle possédoit des „ forteresses & faisoit la guerre, &c."

Après de pareilles expressions, & surtout après que le Monarque a daigné rendre publique l'illustration de la Famille des *Waldner*, & les qualifier de *Barons*, il seroit surprenant qu'ils dussent trouver des contradicteurs, lorsque *Christian-Fréderic-Dagobert de Waldner* prend le titre de *Comte*, ainsi que ceux qui font appellés à cette qualification féodale après lui. Si ceux-ci ne doivent pas éprouver de contradiction, les autres du Nom & Famille de *Waldner* n'en doivent point trouver dans le titre de *Baron*, qu'ils croyent pouvoir prendre fans l'avoir financé. Ils doivent trouver d'autant moins de contradiction, que le titre de Baron leur eft affuré par Arrêts du Confeil Souverain de la Province.

En 1754, *Charles-Philippe de Waldner* donne des provifions de Bailli à Me Bach pour fes deux châteaux de Hartmannsweiler & de Weckendal; il prend dans les provifions la qualité de Baron.

Me Bach eft reçu au Baillage par Arrêt du 23 feptembre 1754, qui porte: " Vu par le Confeil la Requête préfentée en „ icelui par Me Jofeph-Antoine Bach, Avocat.... expofitive, „ qu'il auroit plu au Sieur *Charles-Philippe*, BARON *de Waldner.*"

Pareils Arrêts des 11 juin 1755 & 28 avril 1760, dans lefquels la qualité de *Baron* eft donnée & paffée aux Sieurs *de Waldner de Sierentz*.

Après tant de preuves réunies les *Waldner* ne doutent pas que fans diplômes ils ont droit à la qualité de *Baron*.

Ils voyent fans envie d'autres Familles anciennes prendre & produire des diplômes de Barons; mais l'on eft difpenfé de les imiter lorfqu'on tient ce titre par tranfmiffion de fes Ancêtres, qui l'ont acquis par tous les faits qui diftinguent & caractérifent les anciens Barons.

Au furplus l'on fe foumet de rapporter toutes les preuves de ce qui eft avancé dans ce Mémoire, fi les faits y rappellés qu'on certifie véritables, étoient révoqués en doute.

Signé SCHWARTZ, Procureur de la Famille *de Waldner*.

Les Avocats au Conſeil Souverain d'Alſace ſouſſignés, qui ont vu la Requête préſentée audit Conſeil par le Sieur *Chriſtian Baron de Waldner de Freundſtein*, Seigneur de Sierentz, l'Arrêt intervenu ſur ladite Requête le 24 Sept. dernier, & par lequel il a été ordonné entre autres, qu'il juſtifieroit ſa qualité de Baron, un Mémoire pour juſtifier que la noble Famille de *Waldner* a droit de prendre la qualité de Baron:

Eſtiment, que le Mémoire que Meſſieurs *de Waldner* ont dreſſé pour ſe conformer à ce qui leur eſt preſcrit par ledit Arrêt, ne laiſſe rien à deſirer; les preuves qu'il renferme ſont ſi convaincantes, qu'il n'eſt pas poſſible de leur refuſer la qualité de BARON: l'ancienneté de leur Nobleſſe, l'illuſtration de leur Famille, les qualifications même ſupérieures à celles de Baron qui leur ſont données par des Titres publics & authentiques, doivent leur aſſurer tout au moins la qualité de Baron, & ſuppléer à un diplôme qu'ils n'étoient pas dans le cas de demander.

Au ſurplus le titre de Baron leur a été avoué par le Roi, il leur eſt même déja aſſuré par Arrêts, il ne peut donc plus leur être refuſé.

Délibéré à Colmar le 30 Décembre 1772.

Signés QUEFFEMME, DUPONT & LANG,
avec paraphes.

A COLMAR,
de l'Imprimerie de JEAN-HENRI DECKER, Imprimeur du Roi, & de Noſſeigneurs du Conſeil Souverain d'Alſace.

Arrest rendu en conséquence.
Le conseil a ordonné et ordonne que les Suppliants

www.ingramcontent.com/pod-product-compliance
Lightning Source LLC
LaVergne TN
LVHW021643170726
843501LV00007B/2392
* 9 7 8 2 3 2 9 6 5 6 7 7 9 *